Anonym

Steuern II. Vorlesungsmitschrift und Seminar

GRIN Verlag

Bibliografische Information der Deutschen Nationalbibliothek:

Die Deutsche Bibliothek verzeichnet diese Publikation in der Deutschen National-
bibliografie; detaillierte bibliografische Daten sind im Internet über http://dnb.d-
nb.de/ abrufbar.

Impressum:

Copyright © 2008 GRIN Verlag GmbH
Druck und Bindung: Books on Demand GmbH, Norderstedt Germany
ISBN: 978-3-656-75637-8

Dieses Buch bei GRIN:

http://www.grin.com/de/e-book/281395/steuern-ii-vorlesungsmitschrift-und-seminar

GRIN - Your knowledge has value

Der GRIN Verlag publiziert seit 1998 wissenschaftliche Arbeiten von Studenten, Hochschullehrern und anderen Akademikern als eBook und gedrucktes Buch. Die Verlagswebsite www.grin.com ist die ideale Plattform zur Veröffentlichung von Hausarbeiten, Abschlussarbeiten, wissenschaftlichen Aufsätzen, Dissertationen und Fachbüchern.

1. Gegenstand und Aufgaben der Betriebswirtschaftlichen Steuerlehre

1.1. Gegenstand der Betriebswirtschaftlichen Steuerlehre

Bei einer arbeitsteiligen Wissenschaftsstruktur müssen die Kriterien für eine Problemabgrenzung und damit für die Bildung von Einzeldisziplinen bekannt sein. Der abstrahierte Problemkreis verkörpert den Erkenntnisgegenstand, der den disziplinspezifischen Analysegegenstand des Betriebswirts darstellt.

Bei der Abgrenzung des Erkenntnisgegenstands tritt in der Betriebswirtschaftslehre eine vergleichbar große Meinungsvielfalt auf.

Ein Vorschlag des Erkenntnisgegenstandes der Betriebswirtschaftslehre ist die Güterknappheit. Alle Wirtschaftsgüter, die für die Produktion anderer Güter benötigt werden, haben einen Preis, d.h. sie sind knappe Güter. Die Knappheit dieser Güter ist ein Merkmal, das dazu führt, bei deren Bereitstellung und Verwendung rational vorzugehen. Sobald Fragen der Güterknappheit zu beantworten sind, handelt es sich um wirtschaftliche Probleme, für die in mikroskopischer Sicht die Betriebswirtschaftslehre zur kompetenten Wissenschaft wird.

Wirtschaften ist das Entscheiden über knappe Güter in Betrieben. Das Wirtschaften repräsentiert somit einen Problemkreis, der den Erkenntnisgegenstand der Betriebswirtschaftslehre darstellen kann. Das zweckmäßige Auswahlprinzip, das zur Abgrenzung dieses Erkenntnisgegenstandes führt, ist das Wirtschaftlichkeitsprinzip.

> → **Gegenstand der Betriebswirtschaftlichen Steuerlehre:**
> Wirtschaftliches Handeln unter Berücksichtigung des Steuereinflusses

Wirtschaften ist in seinen Konsequenzen stets zukunftsbezogen. Entscheidungen, die in der Gegenwart getroffen werden, zeigen ihre Wirkung immer erst in späteren Zeitpunkten. Je weiter ihre Wirkungen in der Zukunft liegen, desto unvollkommener ist im Zeitpunkt der Entscheidung das Wissen über sie.

Unter dem Gesichtspunkt der Sicherheit gewinnbarer Informationen lassen sich drei Entscheidungsarten unterscheiden.

Bei **Entscheidungen unter Sicherheit** wird davon ausgegangen, dass der Entscheidungsträger über alle zukünftigen Gütereinsätze, Güterausbringungen und Beziehungen zwischen ihnen vollständig, sicher und bestimmt informiert ist.

Von einer **Entscheidung unter Risiko (stochastische Unsicherheit)** wird gesprochen, wenn für jede realisierbare Alternative die Wahrscheinlichkeiten für das Eintreten der jeweils möglichen Ergebnisse bekannt sind. Das Resultat für jede Alternative ist dann der mathematische Erwartungswert der Alternativergebnisse.

Für **Entscheidungen unter Unsicherheit (realistische Unsicherheit)** sind die Eintrittswahrscheinlichkeiten der möglichen Ergebnisse einer unbekannten Anzahl Alternativen unbekannt.

Kritik am häufig vertretenen Verständnis des Erkenntnisgegenstands der BWL:

- Wirtschaftliches Handeln als Tatsachenbehauptung:
  Unter Berücksichtigung einer realistischeren Form der Unsicherheit fehlt ein objektiver Maßstab für wirtschaftliches Handeln.

- Wirtschaftliches Handeln als anzustrebende Leitlinie:
  Unter Berücksichtigung einer realistischeren Form der Unsicherheit fehlt eine Begründung für eine solche Leitlinie.

> → **Für die Vorlesung zugrunde gelegter Erkenntnis-gegenstand:** Erzielung von Einkommen unter besonderer Berücksichtigung von Unsicherheit

1.2. Aufgaben der Betriebswirtschaftlichen Steuerlehre

Gegenstand der Erklärungsaufgabe ist die Rechtfertigung betriebswirtschaftlicher Aussagen. Die Anwendung betriebswirtschaftlicher Erkenntnisse und Verfahren zur Lösung betrieblicher Probleme bildet schließlich die Gestaltungsaufgabe.

Erklärungsaufgabe:
Lassen sich Regelmäßigkeiten über den Einfluss der Besteuerung auf die Einkommenserzielung von Steuerpflichtigen aufzeigen?

Gestaltungs-/Beratungsaufgabe:
- Welche betriebswirtschaftlichen Entscheidungen sollten einzelne Steuerpflichtige treffen, um ihre ökonomischen Ziele zu erreichen?
- Wie sollte das Steuerrecht ausgestaltet werden, wenn bestimmte gesamtwirtschaftliche Ziele angestrebt werden?

➢ Erklärungsaussagen sind nur in Form von abstrakten Regelmäßigkeiten möglich.

➢ Gestaltungsaussagen gegenüber einzelnen Wirtschaftssubjekten basieren nur partiell auf solchen Erklärungsaussagen; häufig: Heuristiken.

➢ Gestaltungsaussagen gegenüber dem Gesetzgeber sollten Erklärungsaussagen zugrunde liegen.

2. Rechtsformwahl als betriebswirtschaftliche Entscheidung

Unter der Rechtsform versteht man ein System rechtlicher Regelungen, mit dem die Beziehungen zwischen Eigentümern und Betrieb, zwischen Betrieb und Außenstehenden sowie zwischen den Eigentümern untereinander festgelegt werden.

Von der Betriebswirtschaftslehre ist das Postulat der rechtsformneutralen Besteuerung aufgestellt worden: Nicht steuerliche, sondern allein wirtschaftliche Überlegungen sollten für die Wahl der Rechtsform maßgebend sein. Dieses Postulat kann umfassend hinterfragt werden, zumal sich Rechtsformen zivilrechtliche unterscheiden und sich aus der zivilrechtlichen Qualifikation heraus auch steuerliche Unterschiede ergeben.

2.1. Nichtsteuerliche Kriterien der Rechtsformwahl

Siehe Anlage 1

2.2. Grundarten der Steuern

2.2.1. Einkommensteuer

Die sachliche Steuerpflicht beruht auf dem zu versteuernden Einkommen. Die Ermittlung des zu versteuernden Einkommens erfolgt in vier Schritten. Ausgangspunkt sind die einzelnen Einkünfte der Steuerpflichtigen.

Bemessungsgrundlage der Einkommensteuer

	Einkünfte aus Land- und Forstwirtschaft (§§ 13-14a EStG)
+	Einkünfte aus Gewerbebetrieb (§§ 15-17 EStG)
+	Einkünfte aus selbständiger Arbeit (§ 18 EStG)
+	Einkünfte aus nichtselbständiger Arbeit (§§ 19-19a EStG)
+	Einkünfte aus Kapitalvermögen (§ 20 EStG) → aber: § 32d Abs. 1 EStG
+	Einkünfte aus Vermietung und Verpachtung (§ 21 EStG)
+	Sonstige Einkünfte (§§ 22-23 EStG)
=	**Summe der Einkünfte**
./.	div. Freibeträge
=	**Gesamtbetrag der Einkünfte**
./.	Sonderausgaben (§§ 10-10c EStG)
./.	außergewöhnliche Belastungen (§§ 33-33c EStG)
=	**Einkommen**
./.	Kinderfreibeträge
=	**zu versteuerndes Einkommen**

Den Kern der Ermittlung des zu versteuernden Einkommens bilden die Einkünfte. Es gibt sieben Einkunftsarten, die verschiedene wirtschaftliche Betätigungen umschreiben.

§ 2 EStG
Umfang der Besteuerung, Begriffsbestimmungen

(1) Der Einkommensteuer unterliegen

1. Einkünfte aus Land- und Forstwirtschaft,
2. Einkünfte aus Gewerbebetrieb,
3. Einkünfte aus selbstständiger Arbeit,
4. Einkünfte aus nichtselbstständiger Arbeit,
5. Einkünfte aus Kapitalvermögen,
6. Einkünfte aus Vermietung und Verpachtung,
7. sonstige Einkünfte im Sinne des § 22,

die der Steuerpflichtige während seiner unbeschränkten Einkommensteuerpflicht oder als inländische Einkünfte während seiner beschränkten Einkommensteuerpflicht erzielt. Zu welcher Einkunftsart die Einkünfte im einzelnen Fall gehören, bestimmt sich nach den §§ 13 bis 24.

(2) Einkünfte sind

1. bei Land- und Forstwirtschaft, Gewerbebetrieb und selbstständiger Arbeit der Gewinn (§§ 4 bis 7k),
2. bei den anderen Einkunftsarten der Überschuss der Einnahmen über die Werbungskosten (§§ 8 bis 9a).

(4) Der Gesamtbetrag der Einkünfte, vermindert um die Sonderausgaben und die außergewöhnlichen Belastungen, ist das Einkommen.

(1) Einkünfte aus Land- und Forstwirtschaft

Einkünfte aus Land- und Forstwirtschaft sind Einkünfte aus der planmäßigen Nutzung der natürlichen Kräfte des Bodens zur Erzeugung von Pflanzen und Tieren und deren Verwertung.

§ 13 EStG
Einkünfte aus Land- und Forstwirtschaft

(1) Einkünfte aus Land- und Forstwirtschaft sind

1. Einkünfte aus dem Betrieb von Landwirtschaft, Forstwirtschaft, Weinbau, Gartenbau und aus allen Betrieben, die Pflanzen und Pflanzenteile mit Hilfe der Naturkräfte gewinnen.

(3) Die Einkünfte aus Land- und Forstwirtschaft werden bei der Ermittlung des Gesamtbetrags der Einkünfte nur berücksichtigt, soweit sie den Betrag von 670 Euro übersteigen.

Abgrenzungsprobleme treten regelmäßig zu Einkünften aus Gewerbebetrieb (§15 Abs.1 EStG) auf. Der Zukauf von Produkten, die im Betrieb verwendet werden ist mit einer land- und forstwirtschaftlichen Betätigung in Einklang zu bringen. Steht im Vordergrund aber nicht die Erzeugung von Pflanzen und Tieren, sondern der Handel mit diesen Produkten, ohne dass diese einer Bearbeitung oder Verarbeitung unterliegen, sind Einkünfte aus Gewerbebetrieb gegeben.

(2) Einkünfte aus Gewerbebetrieb

Zu den Einkünften aus Gewerbebetrieb gehören im Wesentlichen Einkünfte aus dem Handel, aus der Herstellung, der Bearbeitung von Gütern, der Werkleistung, aus Dienstleistungen und aus der Vermittlung und Beratung, soweit diese nicht in den Bereich der freiberuflichen und sonstigen selbständigen Tätigkeiten fallen.

Einkünfte aus Gewerbebetrieb liegen vor, wenn die Tätigkeit:

- Selbständig auf eigene Rechnung
- Nachhaltig ist (Wiederholungsabsicht)
- Der Gewinnerzielung dient
- Hervortreten nach außen

§ 15 EStG
Einkünfte aus Gewerbebetrieb

(2) Eine selbstständige nachhaltige Betätigung, die mit der Absicht, Gewinn zu erzielen, unternommen wird und sich als Beteiligung am allgemeinen wirtschaftlichen Verkehr darstellt, ist Gewerbebetrieb, wenn die Betätigung

weder als Ausübung von Land- und Forstwirtschaft noch als Ausübung eines freien Berufs noch als eine andere selbstständige Arbeit anzusehen ist.

(3) Einkünfte aus selbstständiger Arbeit

Einkünfte aus selbstständiger Arbeit erzielen vor allem Angehörige freier Berufe. Das Gesetz nennt typische Berufe.

§ 18 EStG

(1) Einkünfte aus selbstständiger Arbeit sind

1. Einkünfte aus freiberuflicher Tätigkeit. Zu der freiberuflichen Tätigkeit gehören die selbstständig ausgeübte wissenschaftliche, künstlerische, schriftstellerische, unterrichtende oder erzieherische Tätigkeit, die selbstständige Berufstätigkeit der Ärzte, Zahnärzte, Tierärzte, Rechtsanwälte, Notare, Patentanwälte, Vermessungsingenieure, Ingenieure, Architekten, Handelschemiker, Wirtschaftsprüfer, Steuerberater, beratenden Volks- und Betriebswirte, vereidigten Buchprüfer, Steuerbevollmächtigten, Heilpraktiker, Dentisten, Krankengymnasten, Journalisten, Bildberichterstatter, Dolmetscher, Übersetzer, Lotsen und ähnlicher Berufe. Ein Angehöriger eines freien Berufs im Sinne der Sätze 1 und 2 ist auch dann freiberuflich tätig, wenn er sich der Mithilfe fachlich vorgebildeter Arbeitskräfte bedient; Voraussetzung ist, dass er auf Grund eigener Fachkenntnisse leitend und eigenverantwortlich tätig wird. Eine Vertretung im Fall vorübergehender Verhinderung steht der Annahme einer leitenden und eigenverantwortlichen Tätigkeit nicht entgegen;

2. Einkünfte der Einnehmer einer staatlichen Lotterie, wenn sie nicht Einkünfte aus Gewerbebetrieb sind;

(4) Einkünfte aus nicht selbständiger Arbeit

Auch die Einkünfte aus nichtselbständiger Arbeit werden vom Gesetz nur durch Nennung von typischen Bezügen umschrieben. Derartige Einkünfte können nur Personen erzielen, die im öffentlichen oder privaten Dienst beschäftigt sind und Arbeitslohn beziehen; es fehlt an der Selbständigkeit und der Übernahme eines unternehmerischen Risikos.

§ 9a EStG
Pauschbeträge für Werbungskosten

Für Werbungskosten sind bei der Ermittlung der Einkünfte die folgenden Pauschbeträge abzuziehen, wenn nicht höhere Werbungskosten nachgewiesen werden:

1.   a) von den Einnahmen aus nichtselbständiger Arbeit vorbehaltlich Buchstabe b:
ein Arbeitnehmer-Pauschbetrag von 920 Euro; daneben sind Aufwendungen nach § 4f gesondert abzuziehen;

(5) Einkünfte aus Kapitalvermögen

Unter die Einkünfte aus Kapitalvermögen fallen alle Entgelte aus der Überlassung von Geldkapital. Das Gesetz folgt hier der Quellenauffassung des Einkommens.

§ 20 EStG

(1) Zu den Finkünften aus Kapitalvermögen gehören

1. Gewinnanteile (Dividenden), Ausbeuten und sonstige Bezüge aus Aktien, Genussrechten, mit denen das Recht am Gewinn und Liquidationserlös einer Kapitalgesellschaft verbunden ist, aus Anteilen an Gesellschaften mit beschränkter Haftung, an Erwerbs- und Wirtschaftsgenossenschaften sowie an bergbautreibenden Vereinigungen, die die Rechte einer juristischen Person haben. Zu den sonstigen Bezügen gehören auch verdeckte Gewinnausschüttungen. Die Bezüge gehören nicht zu den Einnahmen, soweit sie aus Ausschüttungen einer Körperschaft stammen, für die Beträge aus dem steuerlichen Einlagekonto im Sinne des § 27 des Körperschaftsteuergesetzes als verwendet gelten. Als

sonstige Bezüge gelten auch Einnahmen, die an Stelle der Bezüge im Sinne des Satzes 1 von einem anderen als dem Anteilseigner nach Absatz 5 bezogen werden, wenn die Aktien mit Dividendenberechtigung erworben, aber ohne Dividendenanspruch geliefert werden;

(9) Bei der Ermittlung der Einkünfte aus Kapitalvermögen ist als Werbungskosten ein Betrag von 801 Euro abzuziehen (Sparer-Pauschbetrag); der Abzug der tatsächlichen Werbungskosten ist ausgeschlossen.

§ 32d EStG
Gesonderter Steuertarif für Einkünfte aus Kapitalvermögen

(1) Die Einkommensteuer für Einkünfte aus Kapitalvermögen, die nicht unter § 20 Abs. 8 fallen, beträgt 25 Prozent.

(6) Auf Antrag des Steuerpflichtigen werden anstelle der Anwendung der vorstehenden Absätze die nach § 20 ermittelten Kapitaleinkünfte den Einkünften im Sinne des § 2 hinzugerechnet und der tariflichen Einkommensteuer unterworfen, wenn dies zu einer niedrigeren Einkommensteuer führt (Günstigerprüfung). Der Antrag kann für den jeweiligen Veranlagungszeitraum nur einheitlich für sämtliche Kapitalerträge gestellt werden.

(6) Einkünfte aus Vermietung und Verpachtung

§ 21 EStG

(1) Einkünfte aus Vermietung und Verpachtung sind

1. Einkünfte aus Vermietung und Verpachtung von unbeweglichem Vermögen, insbesondere von Grundstücken, Gebäuden, Gebäudeteilen, Schiffen, die in ein Schiffsregister eingetragen sind, und Rechten, die den Vorschriften des bürgerlichen Rechts über Grundstücke unterliegen (z.B. Erbbaurecht, Mineralgewinnungsrecht);
2. Einkünfte aus Vermietung und Verpachtung von Sachinbegriffen, insbesondere von beweglichem Betriebsvermögen;

§ 9 EStG
Werbungskosten

(1) Werbungskosten sind Aufwendungen zur Erwerbung, Sicherung und Erhaltung der Einnahmen. Sie sind bei der Einkunftsart abzuziehen, bei der sie erwachsen sind. Werbungskosten sind auch

1. Schuldzinsen und auf besonderen Verpflichtungsgründen beruhende Renten und dauernde Lasten, soweit sie mit einer Einkunftsart in wirtschaftlichem Zusammenhang stehen. Bei Leibrenten kann nur der Anteil abgezogen werden, der sich nach § 22 Nr. 1 Satz 3 Buchstabe a Doppelbuchstabe bb ergibt.
2. Steuern vom Grundbesitz, sonstige öffentliche Abgaben und Versicherungsbeiträge, soweit solche Ausgaben sich auf Gebäude oder auf Gegenstände beziehen, die dem Steuerpflichtigen zur Einnahmeerzielung dienen;
3. Beiträge zu Berufsständen und sonstigen Berufsverbänden, deren Zweck nicht auf einen wirtschaftlichen Geschäftsbetrieb gerichtet ist;
4. (weggefallen)
5. notwendige Mehraufwendungen, die einem Arbeitnehmer wegen einer aus beruflichem Anlass begründeten doppelten Haushaltsführung entstehen, und zwar unabhängig davon, aus welchen Gründen die doppelte Haushaltsführung beibehalten wird. Eine doppelte Haushaltsführung liegt nur vor, wenn der Arbeitnehmer außerhalb des Ortes, in dem er einen eigenen Hausstand unterhält, beschäftigt ist und auch am Beschäftigungsort wohnt. [1]
6. Aufwendungen für Arbeitsmittel, zum Beispiel für Werkzeuge und typische Berufskleidung. Nummer 7 bleibt unberührt;
7. Absetzungen für Abnutzung und für Substanzverringerung und erhöhte Absetzungen. § 6 Abs. 2 Satz 1 bis 3 kann mit der Maßgabe angewendet werden, dass Anschaffungs- oder Herstellungskosten bis zu 410 Euro sofort als Werbungskosten abgesetzt werden können.

Sonderausgaben sind Aufwendungen für private Lebensführung, deren Abzugsfähigkeit ausnahmsweise vom Gesetzgeber aus sozial-, wirtschafts- oder kulturpolitischen Gründen gestattet wird. Eine Definition der Sonderausgaben fehlt im EStG; sie sind in den §§10-10c erschöpfend aufgezählt, so z.b. Spenden, Steuerberatungsaufwendungen oder bestimmte Versicherungsbeiträge.

§ 33 EStG
Außergewöhnliche Belastungen

(1) Erwachsen einem Steuerpflichtigen zwangsläufig größere Aufwendungen als der überwiegenden Mehrzahl der Steuerpflichtigen gleicher Einkommensverhältnisse, gleicher Vermögensverhältnisse und gleichen Familienstands (außergewöhnliche Belastung), so wird auf Antrag die Einkommensteuer dadurch ermäßigt, dass der Teil der Aufwendungen, der die dem Steuerpflichtigen zumutbare Belastung (Absatz 3) übersteigt, vom Gesamtbetrag der Einkünfte abgezogen wird.

§ 32a EStG
Einkommensteuertarif

(1) Die tarifliche Einkommensteuer bemisst sich nach dem zu versteuernden Einkommen. Sie beträgt vorbehaltlich der §§ 32b, §§ 32d, 34, 34a, 34b und 34c jeweils in Euro für zu versteuernde Einkommen

   1. bis 7.664 Euro (Grundfreibetrag):

     0;

   2. von 7.665 Euro bis 12.739 Euro:

     $(883{,}74 \cdot y + 1.500) \cdot y$;

   3. von 12.740 Euro bis 52.151 Euro:

     $(228{,}74 \cdot z + 2.397) \cdot z + 989$;

   4. von 52.152 Euro bis 250.000 Euro:

     $0{,}42 \cdot x - 7.914$.

   5. von 250.001 Euro an:

     $0{,}45 \cdot x - 15.414$. [1]

"y" ist ein Zehntausendstel des 7.664 Euro übersteigenden Teils des auf einen vollen Euro-Betrag abgerundeten zu versteuernden Einkommens. "z" ist ein Zehntausendstel des 12.739 Euro übersteigenden Teils des auf einen vollen Euro-Betrag abgerundeten zu versteuernden Einkommens. "x" ist das auf einen vollen Euro-Betrag abgerundete zu versteuernde Einkommen. Der sich ergebende Steuerbetrag ist auf den nächsten vollen Euro-Betrag abzurunden.

2.2.2. Körperschaftsteuer

Die sachliche Steuerpflicht beruht auf dem zu versteuernden Einkommen. Ausgangspunkt ist der Gewinn/Verlust gemäß Handelsbilanz.

Bemessungsgrundlage der Körperschaftsteuer

	Gewinn/Verlust gemäß Handelsbilanz
+ / ./.	Durchbrechungen des Maßgeblichkeitsprinzips (§§ 5-7 EStG)
=	Gewinn/Verlust gemäß Steuerbilanz
+	verdeckte Gewinnausschüttungen
./.	steuerfreie Betriebseinnahmen
+	nicht abzugsfähige Betriebsausgaben
=	Gewinn aus Gewerbebetrieb/zu versteuerndes Einkommen

§5 (1) S.1 EStG: Maßgeblichkeitsprinzip

Danach sind bei der Aufstellung der Steuerbilanz die handelsrechtlichen Grundsätze ordnungsgemäßer Buchführung und Bilanzierung (GOB) zu beachten (§§242 ff. HGB). Dies gilt allerdings nur, wenn nicht spezielle einkommensteuerrechtliche Vorschriften etwas anderes bestimmen (Durchbrechung des Maßgeblichkeitsprinzips).

Handelsbilanz		Steuerbilanz
Aktivierungswahlrecht	→	Aktivierungspflicht
Aktivierungspflicht	→	Aktivierungspflicht
Aktivierungsverbot	→	Aktivierungsverbot
Passivierungswahlrecht	→	Passivierungsverbot
Passivierungspflicht	→	Passivierungspflicht
Passivierungsverbot	→	Passivierungsverbot

§ 248 HGB
Bilanzierungsverbote

(1) Aufwendungen für die Gründung des Unternehmens und für die Beschaffung des Eigenkapitals dürfen in die Bilanz nicht als Aktivposten aufgenommen werden.

(2) Für immaterielle Vermögensgegenstände des Anlagevermögens, die nicht entgeltlich erworben wurden, darf ein Aktivposten nicht angesetzt werden.

(3) Aufwendungen für den Abschluss von Versicherungsverträgen dürfen nicht aktiviert werden.

§ 249 HGB
Rückstellungen

(1) Rückstellungen sind für ungewisse Verbindlichkeiten und für drohende Verluste aus schwebenden Geschäften zu bilden. Ferner sind Rückstellungen zu bilden für

1. im Geschäftsjahr unterlassene Aufwendungen für Instandhaltung, die im folgenden Geschäftsjahr innerhalb von drei Monaten, oder für Abraumbeseitigung, die im folgenden Geschäftsjahr nachgeholt werden,
2. Gewährleistungen, die ohne rechtliche Verpflichtung erbracht werden.

Rückstellungen dürfen für unterlassene Aufwendungen für Instandhaltung auch gebildet werden, wenn die Instandhaltung nach Ablauf der Frist nach Satz 2 Nr. 1 innerhalb des Geschäftsjahrs nachgeholt wird.

(2) Rückstellungen dürfen außerdem für ihrer Eigenart nach genau umschriebene, dem Geschäftsjahr oder einem früheren Geschäftsjahr zuzuordnende Aufwendungen gebildet werden, die am Abschlussstichtag wahrscheinlich oder sicher, aber hinsichtlich ihrer Höhe oder des Zeitpunkts ihres Eintritts unbestimmt sind.

(3) Für andere als die in den Absätzen 1 und 2 bezeichneten Zwecke dürfen Rückstellungen nicht gebildet werden. Rückstellungen dürfen nur aufgelöst werden, soweit der Grund hierfür entfallen ist.

§ 250 HGB
Rechnungsabgrenzungsposten

(1) Als Rechnungsabgrenzungsposten sind auf der Aktivseite Ausgaben vor dem Abschlussstichtag auszuweisen, soweit sie Aufwand für eine bestimmte Zeit nach diesem Tag darstellen. Ferner dürfen ausgewiesen werden

1. als Aufwand berücksichtigte Zölle und Verbrauchsteuern, soweit sie auf am Abschlussstichtag auszuweisende Vermögensgegenstände des Vorratsvermögens entfallen,
2. als Aufwand berücksichtigte Umsatzsteuer auf am Abschlussstichtag auszuweisende oder von den Vorräten offen abgesetzte Anzahlungen.

(2) Auf der Passivseite sind als Rechnungsabgrenzungsposten Einnahmen vor dem Abschlussstichtag auszuweisen, soweit sie Ertrag für eine bestimmte Zeit nach diesem Tag darstellen.

(3) Ist der Rückzahlungsbetrag einer Verbindlichkeit höher als der Ausgabebetrag, so darf der Unterschiedsbetrag in den Rechnungsabgrenzungsposten auf der Aktivseite aufgenommen werden. Der Unterschiedsbetrag ist durch planmäßige jährliche Abschreibungen zu tilgen, die auf die gesamte Laufzeit der Verbindlichkeit verteilt werden können.

§ 5 EStG
Gewinn bei Kaufleuten und bei bestimmten anderen Gewerbetreibenden

(2) Für immaterielle Wirtschaftsgüter des Anlagevermögens ist ein Aktivposten nur anzusetzen, wenn sie entgeltlich erworben wurden.

(2a) Für Verpflichtungen, die nur zu erfüllen sind, soweit künftig Einnahmen oder Gewinne anfallen, sind Verbindlichkeiten oder Rückstellungen erst anzusetzen, wenn die Einnahmen oder Gewinne angefallen sind.

(3) Rückstellungen wegen Verletzung fremder Patent-, Urheber- oder ähnlicher Schutzrechte dürfen erst gebildet werden, wenn

1. der Rechtsinhaber Ansprüche wegen der Rechtsverletzung geltend gemacht hat oder
2. mit einer Inanspruchnahme wegen der Rechtsverletzung ernsthaft zu rechnen ist.

Eine nach Satz 1 Nr. 2 gebildete Rückstellung ist spätestens in der Bilanz des Dritten auf ihre erstmalige Bildung folgenden Wirtschaftsjahres Gewinn erhöhend aufzulösen, wenn Ansprüche nicht geltend gemacht worden sind.

(4) Rückstellungen für die Verpflichtung zu einer Zuwendung anlässlich eines Dienstjubiläums dürfen nur gebildet werden, wenn das Dienstverhältnis mindestens zehn Jahre bestanden hat, das Dienstjubiläum das Bestehen eines Dienstverhältnisses von mindestens 15 Jahren voraussetzt, die Zusage schriftlich erteilt ist und soweit der Zuwendungsberechtigte seine Anwartschaft nach dem 31. Dezember 1992 erwirbt.

(4a) Rückstellungen für drohende Verluste aus schwebenden Geschäften dürfen nicht gebildet werden. Das gilt nicht für Ergebnisse nach Absatz 1a. [(2) (3)]

(4b) Rückstellungen für Aufwendungen, die in künftigen Wirtschaftsjahren als Anschaffungs- oder Herstellungskosten eines Wirtschaftsguts zu aktivieren sind, dürfen nicht gebildet werden. Rückstellungen für die Verpflichtung zur schadlosen Verwertung radioaktiver Reststoffe sowie ausgebauter oder abgebauter radioaktiver Anlagenteile dürfen nicht gebildet werden, soweit Aufwendungen im Zusammenhang mit der Bearbeitung oder Verarbeitung von Kernbrennstoffen stehen, die aus der Aufarbeitung bestrahlter Kernbrennstoffe gewonnen worden sind und keine radioaktiven Abfälle darstellen.

(5) Als Rechnungsabgrenzungsposten sind nur anzusetzen

1. auf der Aktivseite Ausgaben vor dem Abschlussstichtag, soweit sie Aufwand für eine bestimmte Zeit nach diesem Tag darstellen;
2. auf der Passivseite Einnahmen vor dem Abschlussstichtag, soweit sie Ertrag für eine bestimmte Zeit nach diesem Tag darstellen.

§ 253 HGB
Wertansätze der Vermögensgegenstände und Schulden

(1) Vermögensgegenstände sind höchstens mit den Anschaffungs- oder Herstellungskosten, vermindert um Abschreibungen nach den Absätzen 2 und 3 anzusetzen. Verbindlichkeiten sind zu ihrem Rückzahlungsbetrag, Rentenverpflichtungen, für die eine Gegenleistung nicht mehr zu erwarten ist, zu ihrem Barwert und Rückstellungen nur in Höhe des Betrags anzusetzen, der nach vernünftiger kaufmännischer Beurteilung notwendig ist; Rückstellungen dürfen nur abgezinst werden, soweit die ihnen zu Grunde liegenden Verbindlichkeiten einen Zinsanteil enthalten.

(2) Bei Vermögensgegenständen des Anlagevermögens, deren Nutzung zeitlich begrenzt ist, sind die Anschaffungs- oder Herstellungskosten um planmäßige Abschreibungen zu vermindern. Der Plan muss die Anschaffungs- oder Herstellungskosten auf die Geschäftsjahre verteilen, in denen der Vermögensgegenstand

voraussichtlich genutzt werden kann. Ohne Rücksicht darauf, ob ihre Nutzung zeitlich begrenzt ist, können bei Vermögensgegenständen des Anlagevermögens außerplanmäßige Abschreibungen vorgenommen werden, um die Vermögensgegenstände mit dem niedrigeren Wert (StB: Verbot) anzusetzen, der ihnen am Abschlussstichtag beizulegen ist; sie sind vorzunehmen bei einer voraussichtlich dauernden Wertminderung.

(3) Bei Vermögensgegenständen des Umlaufvermögens sind Abschreibungen vorzunehmen, um diese mit einem niedrigeren Wert anzusetzen, der sich aus einem Börsen- oder Marktpreis am Abschlussstichtag ergibt. Ist ein Börsen- oder Marktpreis nicht festzustellen und übersteigen die Anschaffungs- oder Herstellungskosten den Wert, der den Vermögensgegenständen am Abschlussstichtag beizulegen ist, so ist auf diesen Wert abzuschreiben. Außerdem dürfen Abschreibungen vorgenommen werden, soweit diese nach vernünftiger kaufmännischer Beurteilung notwendig sind, um zu verhindern, dass in der nächsten Zukunft der Wertansatz dieser Vermögensgegenstände auf Grund von Wertschwankungen geändert werden muss.

	Handelsbilanz	Steuerbilanz
voraussichtlich dauernde Wertminderung	Abschreibungspflicht	Abschreibungspflicht
voraussichtlich vorübergehende Wertminderung	Abschreibungspflicht	Abschreibungsverbot

§ 6 EStG
Bewertung

(1) Für die Bewertung der einzelnen Wirtschaftsgüter, die nach § 4 Abs. 1 oder nach § 5 als Betriebsvermögen anzusetzen sind, gilt das Folgende:

     3. Verbindlichkeiten sind unter sinngemäßer Anwendung der Vorschriften der Nummer 2 anzusetzen und mit einem Zinssatz von 5,5 Prozent abzuzinsen. Ausgenommen von der Abzinsung sind Verbindlichkeiten, deren Laufzeit am Bilanzstichtag weniger als 12 Monate beträgt, und Verbindlichkeiten, die verzinslich sind oder auf einer Anzahlung oder Vorausleistung beruhen.

3a. Rückstellungen sind höchstens insbesondere unter Berücksichtigung folgender Grundsätze anzusetzen:

     e) Rückstellungen für Verpflichtungen sind mit einem Zinssatz von 5,5 Prozent abzuzinsen; Nummer 3 Satz 2 ist entsprechend anzuwenden. Für die Abzinsung von Rückstellungen für Sachleistungsverpflichtungen ist der Zeitraum bis zum Beginn der Erfüllung maßgebend. Für die Abzinsung von Rückstellungen für die Verpflichtung, ein Kernkraftwerk stillzulegen, ist der sich aus Buchstabe d Satz 3 ergebende Zeitraum maßgebend.

§ 23 KStG

(1) Die Körperschaftsteuer beträgt 15% des zu versteuernden Einkommens.

2.2.3. Gewerbesteuer

Die Gemeinden entscheiden darüber, ob eine Gewerbesteuer zu erheben ist (§1 GewStG). Die Gewerbesteuer soll die Ertragskraft des Gewerbebetriebs treffen. Es handelt sich um eine Realsteuer.

§ 1 GewStG
Steuerberechtigte

Die Gemeinden erheben eine Gewerbesteuer als Gemeindesteuer.

§ 6 GewStG
Besteuerungsgrundlage

Besteuerungsgrundlagen für die Gewerbesteuer ist der Gewerbeertrag.

§ 7 GewStG
Gewerbeertrag

Gewerbeertrag ist der nach den Vorschriften des Einkommensteuergesetzes oder des Körperschaftsteuergesetzes zu ermittelnde Gewinn aus dem Gewerbebetrieb, der bei der Ermittlung des Einkommens für den dem Erhebungszeitraum (§ 14) entsprechenden Veranlagungszeitraum zu berücksichtigen ist, vermehrt und vermindert um die in den §§ 8 und 9 bezeichneten Beträge.

Bemessungsgrundlage der Gewerbesteuer

	Gewinn/Verlust gemäß Handelsbilanz
+ / ./.	Durchbrechungen des Maßgeblichkeitsprinzips (§§ 5-7 EStG)
=	Gewinn/Verlust gemäß Steuerbilanz
+	verdeckte Gewinnausschüttungen
./.	steuerfreie Betriebseinnahmen
+	nicht abzugsfähige Betriebsausgaben
=	Gewinn/Verlust aus Gewerbebetrieb
+	Hinzurechnungen (§ 8 GewStG)
./.	Kürzungen (§ 9 GewStG)
=	Gewerbeertrag

Eine Besonderheit bei der Ermittlung der GewSt-Schuld besteht darin, dass auf die Bemessungsgrundlage zunächst eine Steuermesszahl angewandt wird. Der sich daraus ergebende Steuermessbetrag führt dann erst durch Anwendung des Hebesatzes zur GewSt-Schuld.

§ 11 GewStG
Steuermesszahl und Steuermessbetrag

(1) Bei der Berechnung der Gewerbesteuer ist von einem Steuermessbetrag auszugehen. Dieser ist durch Anwendung eines Prozentsatzes (Steuermesszahl) auf den Gewerbeertrag zu ermitteln. Der Gewerbeertrag ist auf volle 100 Euro nach unten abzurunden und

1. bei natürlichen Personen sowie bei Personengesellschaften um einen Freibetrag in Höhe von 24.500 Euro,

2. bei Unternehmen im Sinne des § 2 Abs. 3 und des § 3 Nr. 5, 6, 8, 9, 15, 17, 21, 26, 27, 28 und 29 sowie bei Unternehmen von juristischen Personen des öffentlichen Rechts um einen Freibetrag in Höhe von 3.900 Euro,

höchstens jedoch in Höhe des abgerundeten Gewerbeertrags, zu kürzen.

(2) Die Steuermesszahl für den Gewerbeertrag beträgt 3,5 Prozent.

§ 16 GewStG
Hebesatz

(1) Die Steuer wird auf Grund des Steuermessbetrags (§ 14) mit einem Prozentsatz (Hebesatz) festgesetzt und erhoben, der von der hebeberechtigten Gemeinde (§§ 4, 35a) zu bestimmen ist.

(4) Der Hebesatz muss für alle in der Gemeinde vorhandenen Unternehmen der gleiche sein. [1] Er beträgt 200 Prozent, wenn die Gemeinde nicht einen höheren Hebesatz bestimmt hat. Wird das Gebiet von Gemeinden geändert, so kann die Landesregierung oder die von ihr bestimmte Stelle für die von der Änderung betroffenen Gebietsteile auf eine bestimmte Zeit verschiedene Hebesätze zulassen.

2.3. Besteuerung von Kapitalgesellschaften

Für Kapitalgesellschaften kann die Steuerbelastungsrechnung ohne Einbeziehung der Gesellschafterbelastung oder unter Durchgriff auf die Gesellschaftersphäre durchgeführt werden. Unabhängig von der Belastungssphäre ist die **Gewerbesteuer** der Kapitalgesellschaft zu ermitteln. Interessiert nur die Steuerbelastung der Kapitalgesellschaft, so kommt als weitere Steuerart die **Körperschaftssteuer** hinzu.

Wird die Steuerbelastung der Gesellschafterebene einbezogen, so sind die bisher aufgezählten Steuerbelastungen um die **Einkommensteuer** der Gesellschafter zu ergänzen.

2.4. Besteuerung von Einzelunternehmern

Die Steuerpflicht eines Einzelunternehmers ist an den Betrieb eines Gewerbeunternehmens gebunden.

Es ist, unter Beachtung des Freibetrages von natürlichen Personen, die Gewerbesteuer zu ermitteln.

Im Anschluss ist die Einkommensteuer des Einzelunternehmers zu ermitteln.

Um eine Doppelbesteuerung der natürlichen Person zu verhindern, ist §35 EStG anzuwenden und der ermittelte Betrag von der errechneten Einkommensteuer zu subtrahieren, um die tatsächlich zu zahlende Einkommensteuer zu erhalten.

§ 35 EStG

(1) Die tarifliche Einkommensteuer, vermindert um die sonstigen Steuerermäßigungen mit Ausnahme der §§ 34f und 34g, ermäßigt sich, soweit sie anteilig auf im zu versteuernden Einkommen enthaltene gewerbliche Einkünfte entfällt (Ermäßigungshöchstbetrag),

> 1. bei Einkünften aus gewerblichen Unternehmen im Sinne des § 15 Abs. 1 Satz 1 Nr. 1
>
> um das 3,8-fache des jeweils für den dem Veranlagungszeitraum entsprechenden Erhebungszeitraum nach § 14 des Gewerbesteuergesetzes für das Unternehmen festgesetzten Steuermessbetrags (Gewerbesteuer-Messbetrag); Absatz 2 Satz 5 ist entsprechend anzuwenden;

Sofern der Hebesatz der Gemeinde unter 380% liegt, kommt die tatsächlich gezahlte Gewerbesteuer zur Anrechnung.

Besteuerung einbehaltener Gewinne bei Einzelunternehmen:

Lohnt sich bei Einzelunternehmen die Einbehaltung des Gewinns §34a?

§ 34a EStG
Begünstigung der nicht entnommenen Gewinne

(1) Sind in dem zu versteuernden Einkommen nicht entnommene Gewinne aus Land- und Forstwirtschaft, Gewerbebetrieb oder selbständiger Arbeit (§ 2 Abs. 1 Satz 1 Nr. 1 bis 3) im Sinne des Absatzes 2 enthalten, ist die Einkommensteuer für diese Gewinne auf Antrag des Steuerpflichtigen ganz oder teilweise mit einem Steuersatz von 28,25 Prozent zu berechnen;

(4) Übersteigt der positive Saldo der Entnahmen und Einlagen des Wirtschaftsjahres bei einem Betrieb oder Mitunternehmeranteil den nach § 4 Abs. 1 Satz 1 oder § 5 ermittelten Gewinn (Nachversteuerungsbetrag), ist vorbehaltlich Absatz 5 eine Nachversteuerung durchzuführen, soweit zum Ende des vorangegangenen

Veranlagungszeitraums ein nachversteuerungspflichtiger Betrag nach Absatz 3 festgestellt wurde. Die Einkommensteuer auf den Nachversteuerungsbetrag beträgt 25 Prozent. Der Nachversteuerungsbetrag ist um die Beträge, die für die Erbschaftsteuer (Schenkungsteuer) anlässlich der Übertragung des Betriebs oder Mitunternehmeranteils entnommen wurden, zu vermindern.

Zunächst ist für den Fall der Ausschüttung des Gewinns die Gewerbesteuer zu berechnen (abzüglich Freibetrag).

Im zweiten Fall sind folgende Berechnungen durchzuführen und die Ergebnisse zu summieren:
- Berechnung der Gewerbesteuer der Ausschüttung (abzüglich Freibetrag)
- Versteuerung der einbehaltenen Gewinne mit 28,25%
- (Nachentnahme – Steuer der einbehaltenen Gewinne) versteuert mit 25% und entsprechende Abzinsung

2.5. Kapitalgesellschaft oder Einzelunternehmung

Die höchsten Steuerzahlungen ergeben sich für die Kapitalgesellschaft. Zwar zahlt die Kapitalgesellschaft weniger Gewerbesteuer als die Einzelunternehmung, jedoch steht dem die Anrechnung der Gewerbesteuer auf die Einkommensteuer bei Einzelunternehmungen gegenüber. Nachteilig für die Kapitalgesellschaft ist die zweifache Belastung der Ausschüttungen.

Man kann aus den Ergebnissen des Beispiels keine verallgemeinernden Schlüsse ziehen, denn die Reihenfolge hängt von den Daten ab.

2.6. Problematik statischer Rechtsformvergleiche

Begrenzte Aussagefähigkeit der errechneten Gesamtsteuerbelastung:

- Berechnung ist auf eine Periode begrenzt:
  - o Totalperiode müsste betrachtet werden

- Außerachtlassung von Unsicherheit:
  - o Prämisse, dass Sachverhaltsprognosen mit Sicherheit Eintreten
  - o Prämisse, dass relevante Steuerrechtsnormen unverändert bleiben

3.   Investitionsentscheidung als betriebswirtschaftliche Entscheidung

Als geeignetste Methode zur Vorteilhaftigkeit von Investitionsobjekten wird in der Literatur in großer Übereinstimmung die Kapitalwertmethode als Verfahren der dynamischen Investitionsrechnung vorgeschlagen. Dies gilt sowohl für Modelle ohne als auch mit Berücksichtigung von Ertragssteuern.

Im Rahmen dieser Untersuchung werden im Folgenden einzelne Investitionsentscheidungen betrachtet, die dadurch charakterisiert sind, dass ihnen die durch sie verursachten Ein- und Auszahlungen eindeutig zugeordnet werden können und ihre Unterlassung keinerlei Einfluss auf die sonstigen Zahlungsströme des Investors hat. Einzelinvestitionsobjekte lassen sich durch eine Zahlungsreihe sicherer diskreter Einzahlungsüberschüsse charakterisieren: auf eine Anschaffungsauszahlung I_0 im Entscheidungszeitpunkt t=0 folgen, verteilt über die wirtschaftliche Nutzungsdauer T, die Einzahlungsüberschüsse Z_t in den Perioden t=1,..,T.

Der Kapitalwert der Zahlungsreihe eines Investitionsobjektes liefert eine Maßgröße für seine relative Vorteilhaftigkeit gegenüber der sogenannten Unterlassungsalternative. Da im Ergebnis der Kapitalwert einer Unterlassungsalternative im Regelfall null beträgt, lautet die Entscheidungsregel des Kapitalwertkriteriums:

- Ein Einzelinvestitionsobjekt ist gegenüber der Unterlassungsalternative vorteilhaft, wenn es einen positiven Kapitalwert aufweist.
- Beträgt der Kapitalwert des Einzelinvestitionsobjektes null, herrscht gegenüber der Unterlassungsalternative Indifferenz.

Der Kapitalwert ist eine Vermögensmehrung im Zeitpunkt des Investitionsbeginns oder derjenige Betrag, den der Investor im Zeitpunkt t_0 zusätzlich anlegen kann, wenn er z.b. einen Kredit zum Zinssatz i aufnimmt, die Investition durchführt und mit den Einzahlungen aus der Investition den Kredit einschließlich der Zinsen zurückzahlt.

Nur wenn man einen vollständigen und vollkommenen Kapitalmarkt unterstellt, ist die Höhe des Kapitalwertes einer Investition unabhängig von der zeitlichen Struktur der Zahlungen, die an den oder die Eigenkapitalgeber der Unternehmung fließen, die die Investition durchführt. Und nur dann kann eine Investition unabhängig von den konkreten Konsumplänen der Eigenkapitalgeber beurteilt werden.

Ein Kapitalmarkt gilt dann als vollkommen, wenn alle folgenden Bedingungen erfüllt sind:
- Alle Marktteilnehmer haben die gleichen Informationen für ihre Entscheidungen
- Preis der Zahlungsströme ist für jeden Marktteilnehmer gleich
- Es gibt keine Transaktionskosten

Ist ein Modell-Kapitalmarkt vollständig, so kann jeder beliebige zukünftige Zahlungsstrom als Linearkombination von bestehenden Zahlungsströmen erzeugt werden.

3.1.   Investitionsentscheidung ohne Berücksichtigung der Besteuerung

Prämissen des Kapitalwertmodells ohne Steuern:
- Sichere Erwartungen
- Zahlungen fallen am Ende der Periode an
- Vollkommener und vollständiger Kapitalmarkt

Formel

3.2.   Die Berücksichtigung von Ertragssteuern im Kapitalwertkriterium

Konkret wird das geltende deutsche Ertragssteuerrecht mit seinen Bestandteilen bzw. Einzelsteuern Gewerbesteuer, Körperschaftssteuer und Einkommensteuer berücksichtigt.

$$C_0^S = -A_0 + \sum_{t=1}^{T} (E_t - A_t - S_t) \cdot (1 + i_s)^{-t}$$

mit:
C_0^S = Kapitalwert nach Steuern
A_0 = Anschaffungsauszahlung
E_t = Einzahlungen der Periode
A_t = Auszahlungen der Periode
S_t = Steuern der Periode
i_s = Kalkulationszinsfuß nach Steuern

Als geeignetste Methode zur Erweiterung des Kapitalwertkriteriums um Ertragssteuern gilt in der Literatur die Nettomethode II, die durch die Berücksichtigung von Steuern sowohl in der Zahlungsreihe als auch im Kalkulationszinsfuß charakterisiert ist:

- In der Zahlungsreihe sind die Einzahlungsüberschüsse des zu beurteilenden Investitionsobjektes vor Steuern um die ihm zuzurechnenden Steuerzahlungen zu korrigieren.

- Im Kalkulationszinsfuß werden die steuerlichen Einflüsse auch auf die Unterlassungsalternative sowie die Verwendung während der betrachteten Nutzungsdauer aus dem Investitionsobjekt freigesetzter finanzieller Mittel berücksichtigt.

Kalkulationszinsfuß nach Steuern:

$$i_S = i \cdot (1 - s^E)$$

Die Abweichungen zwischen den Einzahlungsüberschüssen vor Steuern und der ertragssteuerlichen Bemessungsgrundlage werden dabei aus Vereinfachungsgründen allein durch die Berücksichtigung der ertragssteuerlichen planmäßigen Abschreibungen repräsentiert

Eine Steuerzahlung ergibt sich grundsätzlich aus der Multiplikation einer Bemessungsgrundlage (EÜ-AfA) mit dem zugehörigen Ertragssteuersatz, wobei die zugehörigen Steuersätze von der Rechtsform abhängig sind.

$$S_t = B_t \cdot s$$

mit S_t = Steuer der Periode
B_t = Bemessungsgrundlage der Periode
s = Steuersatz

t	1	2	3	4
$(E_t - A_t)$				
Afa_t				
B_t				
S_t				
$E_t - A_t - S_t$				
$(E_t - A_t - S_t) \cdot (1+i_s)^{-t}$				
$C_0^s =$				

Prämissen:

- Alle Einzahlungen sind steuerpflichtige Betriebseinnahmen
- Alle Auszahlungen sind (in derselben Periode) abzugsfähige Betriebsausgaben
- Von den (in dieser Periode) nicht zahlungswirksamen Aufwendungen werden nur planmäßige Abschreibungen berücksichtigt
- Die Bemessungsgrundlagen der KSt und der GewSt sind gleich, da sich Hinzurechnungen und Kürzungen gegenseitig aufheben (bzw. nicht vorhanden sind)
- Eine negative Bemessungsgrundlage bewirkt eine sofortige Steuererstattung
- Die Steuersätze in den Planungsperioden sind konstant

3.3.   Investitionsentscheidung in der Rechtsform einer Kapitalgesellschaft unter Berücksichtigung der Besteuerung – Thesaurierungsfall

$$s^E = s^{KSt} + s^{GewSt}$$

mit s^E = kombinierter Ertragsteuerfaktor
s^{KSt} = Körperschaftsteuersatz
s^{GewSt} = Gewerbesteuersatz

3.4.   Investitionsentscheidung in der Rechtsform einer Kapitalgesellschaft unter Berücksichtigung der Besteuerung – Thesaurierungsfall bei Fremdfinanzierung

$$s^E = s^{KSt} + s^{GewSt}$$

mit s^E = kombinierter Ertragsteuerfaktor
s^{KSt} = Körperschaftsteuersatz
s^{GewSt} = Gewerbesteuersatz

$$i_S = i \cdot (1 - s^E)$$
$$\text{mit } s^E = s^{KSt} + 0,75 s^{GewSt}$$

aufgrund der Abzugsfähigkeit von 25% der FK-Zinsen.

3.5. Investitionsentscheidung in der Rechtsform der Kapitalgesellschaft unter Berücksichtigung der Besteuerung – Vollausschüttungsfall

$$s^E = s^{KSt} + s^{GewSt} + (1 - s^{KSt} - s^{GewSt}) \cdot s^a$$

mit: s^E = kombinierter Ertragsteuerfaktor
s^{KSt} = Körperschaftsteuersatz
s^{GewSt} = Gewerbesteuersatz
s^a = Abgeltungssteuersatz

3.6. Investitionsentscheidung in der Rechtsform einer Einzelunternehmung unter Berücksichtigung der Besteuerung

§35 EStG sieht unter der Voraussetzung, dass Einkommensteuerpflichtige Einkünfte aus Gewerbebetrieb beziehen, die fiktive Anrechnung der Gewerbesteuer auf die Einkommensteuer vor. Die Gewerbesteuer kann danach nicht in tatsächlicher Höhe, sondern nur mit dem 3,8fachen des effektiven Gewerbesteuermessbetrags auf die Einkommensteuer angerechnet werden.

Nur im Rahmen einer Grenzbetrachtung kann der gewerbesteuerliche Freibetrag vernachlässigt werden, indem davon ausgegangen wird, dass Vergünstigungen durch das bestehende Investitionsprogramm bereits ausgeschöpft sind und das neu zu beurteilende Einzelinvestitionsobjekt bzw. die durch dieses ausgelöste Erhöhung des Gewerbeetrages ungekürzt unterworfen wird.

Die Gesamtsteuerbelastung des gewerblichen Einzelunternehmers ergibt sich als Summe aus Gewerbeertragsteuer, Einkommensteuer unter Berücksichtigung der fiktiven Anrechnung der Gewerbesteuer als:

$$s^E = s^{ESt} + s^{GewSt} - \frac{s^{GewSt}}{\frac{h}{100}} \cdot 3{,}8$$

Um s^{ESt} zu bestimmen, ist zunächst das zu versteuernde Einkommen auszurechnen.

Liegt das z.v.E zwischen 52.152€ und 250.001€ ist $s^{ESt} = 0{,}42$; darüber $s^{ESt} = 0{,}45$.

Liegen die Einkünfte aus Gewerbebetrieb unter Abzug der größten negativen Bemessungsgrundlage über dem Freibetrag von 24.500€, so ist s^{GewSt} zu berücksichtigen.

4.   Finanzierungsentscheidung als betriebswirtschaftliche Entscheidung

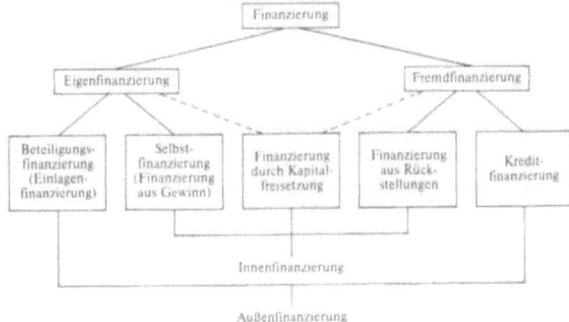

Die Einlagen- und Beteiligungsfinanzierung umfasst alle Formen der Beschaffung von Eigenkapital durch Kapitaleinlagen von bisher bereits vorhandenen oder neu hinzugetretenen Gesellschaftern der Unternehmung. Sie finden stets bei Gründung einer Unternehmung statt, aber auch bei späteren Kapitalerhöhungen.

Bei der Kreditfinanzierung wird Fremdkapital von außen aufgenommen. Durch die Kreditfinanzierung entstehen Gläubigerrechte. Dies bedeutet im Gegensatz zur Beteiligungsfinanzierung, dass:

- In der Regel keine Mitspracherechte der Geldgeber bei der Geschäftsführung entstehen
- Die Kreditüberlassungsdauer befristet ist
- Ein Rechtsanspruch auf Rückzahlung des Kredites in nomineller Höhe besteht, also keine Beteiligung am Vermögenszuwachs und den stillen Reserven der Unternehmung
- Das Fremdkapital in der Regel weder am Gewinn der Unternehmung noch an Verlusten beteiligt ist, sondern ein fester Zins vereinbart wird
- Für Kredite zu leistende Zins- und Tilgungszahlungen eine feste Liquiditätsbelastung entsteht

Bei der Innenfinanzierung erfolgt im Gegensatz zur Außenfinanzierung keine Zuführung finanzieller Mittel von außen. Stattdessen wird bisher gebundenes Kapital in frei verfügbare Zahlungsmittel umgewandelt.

Unter Selbstfinanzierung versteht man die Finanzierung aus Gewinnen, die im Unternehmen zurückbehalten werden.

Offene Selbstfinanzierung erfolgt aus dem in der Bilanz und GuV ausgewiesenen Gewinn bzw. Jahresabschluss. Der einbehaltene Gewinn unterliegt dabei der Einkommensteuer bzw. Körperschaftssteuer sowie der Gewerbesteuer. Da die offene Selbstfinanzierung aus versteuertem Gewinn durchgeführt wird, steht für die Finanzierung nur der Betrag nach Steuern zur Verfügung.

Die stille Selbstfinanzierung erfolgt durch Einbehaltung nicht ausgewiesenen Gewinns. Der Gewinnausweis wird durch bewusste bilanzpolitische Maßnahmen verringert, wodurch stille Reserven entstehen. Da die stillen Reserven erst bei ihrer Auflösung der Ertrags- bzw.

Körperschaftssteuer unterliegen, erfolgt die stille Selbstfinanzierung aus noch unversteuertem Gewinn.

Durch die Bildung von Rückstellungen können Gelder an das Unternehmen gebunden werden, die auch zu Finanzierungszwecken Verwendung finden können. Da die Rückstellungen der Begleichung späterer Verbindlichkeiten dienen, zählen sie in der Bilanz zum Fremdkapital. Die Finanzierung aus Rückstellungen ist daher als innerbetriebliche Fremdfinanzierung einzuordnen.

4.1.   Finanzierungsentscheidung ohne Berücksichtigung der Besteuerung

Beispiel:
X-GmbH rechnet am Ende Periode 01 mit der Inanspruchnahme aus Gewährleistungen in der Periode 02 (Am Ende) in Höhe von 20.000€.

Voraussetzungen zur Bildung von Verbindlichkeitsrückstellungen:
- Wirtschaftliche Vermögensbelastung (hier: Gewährleistungsverpflichtung)
- Außenverpflichtung (hier: Kunden der X-GmbH)
- Verpflichtung ist dem Grunde und/oder der Höhe nach unsicher (hier: unsicher in der Höhe)
- Inanspruchnahme aus der Verpflichtung muss wahrscheinlich sein (hier: Annahme: typische Gewährleistungsfälle in üblicher Höhe)
- Wirtschaftliche Verursachung der Vermögensbelastung (hier: Produkte wurden in Periode 1 veräußert und Erträge wurden erzielt, also ja)

Bildung der Rückstellung in der Periode 01:
  Aufwand an Rückstellungen 20.000€
  ➜ Gewinnminderung in Periode 1
  ➜ Kein Abfluss von Zahlungsmitteln

Inanspruchnahme aus der Gewährleistung in der Periode 02 in Höhe von 20.000€
  Rückstellungen an Bank
  ➜ Keine Gewinnauswirkung
  ➜ Abfluss von Zahlungsmitteln

Rückstellungsfinanzierung unter Berücksichtigung der Besteuerung

Fall: keine Rückstellungsbildung

Periode 1: keine Gewinnminderung
Periode 2: Gewinnminderung in Höhe von 20.000€
  ➜ Steuerersparnis bei Hebesatz 500% -> sE = 0,325
  ➜ Steuerersparnis von 6.500€ am Ende Periode 2

Fall: Rückstellungsbildung

Periode 1: Gewinnminderung in Höhe von 20.000€
  ➜ Steuerersparnis von 6.500€ am Ende Periode 1

Zinssatz = 5% -> Zinseffekt von: 6.500€ mal 5% abgezinst = Differenz 309,52

4.2. Finanzierungsentscheidung unter Berücksichtigung der Besteuerung

Entscheidung: Beteiligungs- und Fremdfinanzierung

Der Geschäftsführer B der A-GmbH überlegt, ob er eine Investition mit Eigenkapital (Beteiligungsfinanzierung) oder mit Fremdkapital finanzieren soll. Der Zinssatz für die Aufnahme von Fremdkapital betrage 4 %. Ebenso könnte der Gesellschafter A im Falle der Unterlassung der Beteiligungsfinanzierung für eine alternative Finanzanlage 4 % erzielen.

Wird die Investition nicht durchgeführt, so werden die intern vorhandenen Mittel in der Unternehmung angelegt. Diese verzinst sich intern und ergibt folgendes Endvermögen:

$$EV_A = [1+(1-s^a) \cdot i]^n$$

EV_A = Endvermögen der Alternativanlage
s^a = Abgeltungssteuersatz
i = Zinssatz

Beteiligungsfinanzierung:
- Einlage durch den Gesellschafter
- Einlage wird bei der GmbH zur Finanzierung einer Investition verwendet
  - Rendite der Investition unterliegt GewSt, KSt
- Nach n-Jahren wird Einlage und die daraus entstandenen Gewinne an Gesellschafter zurückgezahlt
- Gesellschafter muss (Rückzahlungsbetrag – Einlage) besteuern -> Abgeltungssteuer

$$EV_{Bet} = (1-s^a) \cdot [1+(1-s) \cdot r_{Bet}]^n + s^a$$

EV_{Bet} = Endvermögen Beteiligungsfinanzierung
s = kombinierter Ertragsteuerfaktor Gewerbesteuer
        und Körperschaftsteuer
r_{Bet} = (Mindest-)Rendite Beteiligungsfinanzierung

Durch Gleichsetzung der Endvermögen ergibt sich die Rendite, die die Beteiligungsfinanzierung mindestens erreichen muss, um das gleiche Endvermögen zu erhalten wie bei der Alternativanlage.

$$r_{Bet}(n) = \frac{\left[\dfrac{[1+(1-s^a) \cdot i]^n - s^a}{1-s^a}\right]^{\frac{1}{n}} - 1}{1-s}$$

Es ist nun zu klären, ob die Rendite der Fremdfinanzierung höher liegt, als die der Beteiligungsfinanzierung.

Folgende Formel gibt die Rendite der Fremdfinanzierung an:

$$r_{Fremd} = \frac{1 - s^{KSt} - s^{GewSt} + s^{GewSt} \cdot 0{,}25}{1 - s^{KSt} - s^{GewSt}} \cdot i$$

Die Höhe der Rendite besagt, dass das Unternehmen diese erreichen muss, um Tilgungen und Zinsen des Fremdkapitals zu begleichen.

Zu wählen ist die Finanzierungform, die die geringste Rendite fordert.

1. Gegenstand und Aufgaben der Betriebswirtschaftlichen Steuerlehre

Beck Steuertexte 9,80€

1.1. Gegenstand der Betriebswirtschaftlichen Steuerlehre

* Eine Betriebswirtschaftslehre unter besonderer Berücksichtigung der Steuern.

* Unter Betriebswirtschaft ist das wirtschaftliche Handeln von Einzelpersonen oder Unternehmen zu verstehen.

Kritikpunkt:
Unter Berücksichtigung einer unbekannten Anzahl möglicher Umweltzustände, fehlt der Maßstab der Wirtschaftlichkeit, wodurch gemessen werden könnte, ob Personen wirtschaftlich handeln.

Alternative:
Gegenstand der BWL ist die Erzielung von Einkommen in einer Welt mit Unsicherheit. Einkommen umfasst das Einkommen von privaten Wirtschaftssubjekten und Unternehmen.

1.2. Aufgaben der Betriebswirtschaftlichen Steuerlehre

* Erklärung betriebswirtschaftlicher Phänomene
* Gestaltung:
    o Empfehlungen an einzelne Wirtschaftssubjekte
        Welche betriebswirtschaftlichen Entscheidungen sollten einzelne Steuerpflichtige treffen, um ihre ökonomischen Ziele zu erreichen?

    o Beratung der Verantwortlichen für die Wirtschaftsordnung z.B. Gesetzgeber
        Wie sollte das Steuerrecht ausgestaltet werden, wenn bestimmte gesamtwirtschaftliche Ziele angestrebt werden?

Kritikpunkt:
Ist eine Fundierung von Gestaltungsaussagen
* gegenüber einzelnen Wirtschaftssubjekten
* gegenüber dem Gesetzgeber
durch Erklärungsaussagen möglich?

Lösung:
* Erklärungsaussagen sind nur in Form von abstrakten Regelmäßigkeiten möglich
* Gestaltungsaussagen gegenüber einzelnen Wirtschaftssubjekten basieren nur partiell aus solchen Erklärungsaussagen; häufig: Heuristiken
* Gestaltungsaussagen gegenüber dem Gesetzgeber sollten Erklärungsaussagen zugrunde liegen

Zielgrößen betriebswirtschaftlicher Entscheidungen:

Quantitative Entscheidungskriterien:
* Bezogen auf das gesamte Unternehmen: z.B. Ertragswert
* Bezogen auf einzelne Investitionen: z.B. Kapitalwert

Gewinn-/Vermögenskonzeptionen als Grundlage für Entscheidungen weisen Unterschiede zu Gewinn-/Vermögenskonzeptionen auf, mit denen Zahlungsansprüche bemessen werden

Beispiel 1:
Für eine OHG soll der Ertragswert zu Beginn und zum Ende der Periode 01 sowie die Ertragswertänderung der Periode 1 ermittelt werden. Des Weiteren ist der handelsbilanzielle Gewinn der Periode 01 zu bestimmen. Gewerbe- und Umsatzsteuer sollen dabei unberücksichtigt bleiben. Für die OHG werden für 10 Perioden die folgenden Daten prognostiziert.

Ertragswert zu Beginn Periode 01:

$$C_0 = \sum_{t=0}^{n} (E_t - A_t) \cdot \frac{1}{(1+i)^t}$$

$C_0 = 332.021,74 €$

Zu Beginn der Periode 01 werden für die Periode 01 Einzahlungen in Höhe von 150.000 € und Auszahlungen in Höhe von 100.000 €, für die Periode 02 Einzahlungen in Höhe von 120.000 € und Auszahlungen in Höhe von 40.000 €, für die Periode 03 und alle folgenden Perioden Einzahlungen in Höhe von 70.000 € und Auszahlungen in Höhe von 20.000 € prognostiziert. Bei den Einzahlungen handelt es sich um Umsatzerlöse, die Auszahlungen resultieren aus Löhnen, Gehältern und Mieten. Der Kalkulationszinsfuß beträgt 10 %.

Zu Beginn der Periode 01 verfügt die OHG über eine Spezialmaschine mit einer Nutzungsdauer von 10 Jahren, die vor *5 Jahren zu 200.000 €* angeschafft wurde und aufgrund ihres Spezialcharakters einen Veräußerungswert von 0 € hat. Die Wiederbeschaffungskosten der Maschine betragen *100.000 € zu Beginn und zum Ende* der Periode 01.

Am 31.12.01 stellen die Geschäftsführer der OHG fest, dass die zu Beginn des Jahres prognostizierten Ein- und Auszahlungen in der erwarteten Höhe eingetreten sind (Barzahlung). Bisher wurden die Einzahlungsüberschüsse noch nicht wieder für neue Investitionen verwandt.

Über die bereits zahlungswirksam gewordenen Umsätze (Nr. 3) hinaus wurden in Periode 01 Produkte in Höhe von *30.000 € gegen Zahlungsziel* (die Restlaufzeit beträgt Ende der Periode 01 2 Monate) verkauft (diese Umsätze sind in den prognostizierten **Einzahlungsüberschüssen** für die **Periode 02** noch nicht enthalten).

Die Geschäftsführer der OHG erfahren in der Periode 01, dass aufgrund eines von der OHG zu vertretenden Verschuldens ein Teil der gelieferten Produkte beschädigt beim Abnehmer angekommen ist. Sie rechnen mit einer Inanspruchnahme aufgrund des entstandenen Schadens in Höhe von *10.000 € in der Periode 02* (diese **10.000 €** sind als **Auszahlung** in die prognostizierten Einzahlungsüberschüsse für die Periode 02 noch nicht einbezogen worden).

Ertragswert zum Ende Periode 01:

$$C_0 = \sum_{t=0}^{n} (E_t - A_t) \cdot \frac{1}{(1+i)^t}$$
Änderung der Abzinsungsjahre im Nenner
$EÜ_2 = 100.000 €$

$C_0 = 383.405,74 €$ Gewinn (Differenz): 51.384 €

Aufgrund der Subjektivität der Zahlungsströme und des Kalkulationszinsfusses ist der Ertragswert geeignet für unternehmerische Entscheidungen nicht aber für die Steuerzahlungsbemessung.

Berechnung des handelsbilanziellen Gewinns: 150.000€ - 100.000€ = 50.000€ (oder GuV)

Handelsbilanzvermögen zu Beginn Periode 1: 100.000€

Soll	Haben
AV 100.000€	EK 100.000€

Handelsbilanzvermögen zum Ende Periode 1: 150.000€

Soll		Haben	
AV	80.000€	EK	150.000€
UV	50.000€ + 30.000€	FK	10.000€

2. Rechtsformwahl als betriebswirtschaftliche Entscheidung

2.1. Nichtsteuerliche Kriterien der Rechtsformwahl

Beispiel 2:
A will allein eine Buchhandlung eröffnen. Dabei ist er noch unsicher, in welcher Rechtsform er sein unternehmerisches Engagement durchführen soll. Er geht davon aus, dass er nach Art und Umfang einen kaufmännischen Geschäftsbetrieb benötigt.
- Skizzieren Sie die zivilrechtlich zulässigen Rechtsformen.
- Worin unterscheiden sich die zivilrechtlich zulässigen Rechtsformen?
- Ist es denkbar, dass A hinsichtlich der Rechtsformwahl zwischen einigen Rechtsformen indifferent ist?

Ausgewählte Rechtsformen

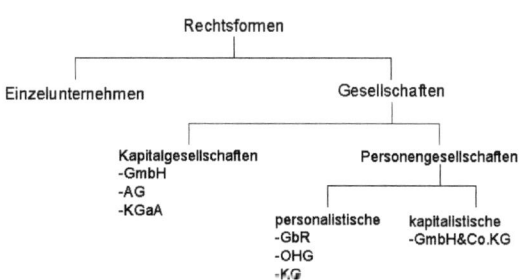

Rechtsformwahlkriterien:
- Rechtsformspezifische Aufwendungen
- Kapitalverlustrisiko/Haftung
- Mindestkapital/Einlagepflicht
- Leitung
- Bilanzierung/Prüfung/Publizität
- Gewinn- und Verlustverteilung

- Entnahmen/Ausschüttungen

F (EU) = Eintragung ins Handelsregister, unbeschränkte Haftung, keine Mindestkapital/Einlagepflicht, alleinige Leitung, Bilanzierungspflicht, keine Prüfungs-/Publizitätspflicht, volle Gewinn-und Verlustbeteiligung, unbeschränktes Entnahmerecht

F (GmbH) = Eintragung ins Handelsregister, notarielle Beurkundung, beschränkte Haftung auf Gesellschaftsvermögen, Mindestkapitalpflicht 25.000€, Eigen- oder Fremdgeschäftsführung, Bilanzierungspflicht, Publizitätspflicht, Prüfungspflicht bei mittelgroßer und großer GmbH, Gewinne stehen dem Gesellschafter zu bei bestehender Vereinbarung, Verluste verbleiben auf Gesellschaftsebene, kein Entnahmerecht

2.2. Rechtsformwahl unter Berücksichtigung der Besteuerung

2.2.1. Besteuerung von Kapitalgesellschaften

Gesellschaftsebene

Bemessungsgrundlage der Gewerbesteuer

	Gewinn/Verlust gemäß Handelsbilanz
+ / ./.	Durchbrechungen des Maßgeblichkeitsprinzips (§§ 5-7 EStG)
=	Gewinn/Verlust gemäß Steuerbilanz
+	verdeckte Gewinnausschüttungen
./.	steuerfreie Betriebseinnahmen
+	nicht abzugsfähige Betriebsausgaben
=	Gewinn/Verlust aus Gewerbebetrieb
+	Hinzurechnungen (§ 8 GewStG)
./.	Kürzungen (§ 9 GewStG)
=	Gewerbeertrag

§5 (1) S.1 EStG: Maßgeblichkeitsprinzip

Danach sind bei der Aufstellung der Steuerbilanz die handelsrechtlichen Grundsätze ordnungsgemäßer Buchführung und Bilanzierung (GOB) zu beachten (§§242 ff. HGB). Dies gilt allerdings nur, wenn nicht spezielle einkommensteuerrechtliche Vorschriften etwas anderes bestimmen (Durchbrechung des Maßgeblichkeitsprinzips).

§5 (1) S.2 EStG: Umgekehrte Maßgeblichkeitsprinzip

Zu einer Umkehrung des Maßgeblichkeitsprinzips, d.h. die steuerlichen Wertansätze werden maßgeblich für die Handelsbilanz, kommt es aber einmal dadurch, dass viele Betriebe nur eine Bilanz aufstellen und deshalb die Werte für die Handelsbilanz so wählen, dass sie den steuerlichen Vorschriften entsprechen.

Der andere Grund ist darin zu sehen, dass der Gesetzgeber die periodenrichtige Gewinnermittlung bewusst konjunkturellen oder sozialpolitischen Zielen unterordnet und deshalb in der Steuerbilanz z.B. Bewertungsfreiheiten durch Sonderabschreibungen gewährt oder die Bildung steuerfreier Rücklagen zulässt.

Aktivseite

1. Vermögensgegenstände des Anlage- und Umlaufvermögens
2. Aktive Rechungsabgrenzungsposten
3. Bilanzierungshilfen

Es gilt das Maßgeblichkeitsprinzip:
- HB: Aktivierungswahlrecht → StB: Aktivierungspflicht
- HB: Aktivierungspflicht → StB: Aktivierungspflicht
- HB: Aktivierungsverbot → StB: Aktivierungsverbot

Passivseite

1. Verbindlichkeiten
2. Rückstellungen
3. Passive Rechnungsabgrenzungsposten

Es gilt das Maßgeblichkeitsprinzip:
- Passivierungsgebot HB → Passivierungsgebot StB
- Passivierungswahlrecht HB → Passivierungsverbot StB
- Passivierungsverbot HB → Passivierungsverbot StB

Verdeckte Gewinnausschüttung
Steuerfreie Betriebseinnahmen
Nicht abzugsfähige Betriebsausgaben

Beispiel 3:

Handelsbilanzgewinn = Steuerbilanzgewinn	220.000€
Gewinn Gewerbebetrieb	220.000€
Gewerbeertrag	220.000€ * Steuermesszahl (§11 Abs.2 Gew)

= Steuermessbetrag * Hebesatz (§16 Gew) = 32.340€ Gewerbesteuer

Bemessungsgrundlage der Körperschaftsteuer

	Gewinn/Verlust gemäß Handelsbilanz
+ / ./.	Durchbrechungen des Maßgeblichkeitsprinzips (§§ 5-7 EStG)
=	Gewinn/Verlust gemäß Steuerbilanz
+	verdeckte Gewinnausschüttungen
./.	steuerfreie Betriebseinnahmen
+	nicht abzugsfähige Betriebsausgaben
=	Gewinn aus Gewerbebetrieb/zu versteuerndes Einkommen

Gewinn aus Gewerbebetrieb: 220.000€ * 15% (Körperschaftssteuersatz) = 32.000€

Ausschüttungshöhe = Handelsbilanzgewinn nach Steuern: 154.660€

Gesellschafterebene

Bemessungsgrundlage der Einkommensteuer	
	Einkünfte aus Land- und Forstwirtschaft (§§ 13-14a EStG)
+	Einkünfte aus Gewerbebetrieb (§§ 15-17 EStG)
+	Einkünfte aus selbständiger Arbeit (§ 18 EStG)
+	Einkünfte aus nichtselbständiger Arbeit (§§ 19-19a EStG)
+	Einkünfte aus Kapitalvermögen (§ 20 EStG) → aber: § 32d Abs. 1 EStG
+	Einkünfte aus Vermietung und Verpachtung (§ 21 EStG)
+	Sonstige Einkünfte (§§ 22-23 EStG)
=	**Summe der Einkünfte**
./.	div. Freibeträge
=	**Gesamtbetrag der Einkünfte**
./.	Sonderausgaben (§§ 10-10c EStG)
./.	außergewöhnliche Belastungen (§§ 33-33c EStG)
=	**Einkommen**
./.	Kinderfreibeträge
=	**zu versteuerndes Einkommen**

Einkünfte nach §19: 80.000€ - Pauschbetrag §19a: 920€: 79.080€ - 6.000€ = 73.080€
➔ §32a EStG: 22.779,60€

Einkünfte nach §20: 154.660€ - Sparerpauschbetrag (§20 Abs.9): 801€ = 153.859€ * 25% = 38.464,75€

Steuerliche Belastung: 61.244,35€

Dividendenbesteuerung wird gleich von Kapitalgesellschaft einbehalten. Kann beantragen, dass Kapitaleinkünfte in Veranlagung miteinbezogen werden können.

Sparerpauschbetrag bis zu 801€ oder eben Höhe der Dividende, wenn diese kleiner ist. (bis max. 801€)

Gesamtsteuerbelastung bei Wahl der GmbH:

Gewerbesteuer: 32.340€
Körperschaftssteuer: 33.000€
ESt: 61.244€
               126.584€

2.2.2. Besteuerung von Einzelunternehmern

Steuerbilanzierungspflicht: §5 Abs.1 EStG
- Gewerbetreibender -> §15 Abs.2 EStG
- Steuerrechtliche Buchführungspflicht
  - §140 AO: derivative Buchführungspflicht -> §§238ff. HGB -> Kaufmann
  - §141 AO: originäre Buchführungspflicht (falls nicht schon §140 AO)

Bemessungsgrundlage der Gewerbesteuer

	Gewinn/ Verlust gemäß Handelsbilanz
+ / ./.	Durchbrechungen des Maßgeblichkeitsprinzips (§§ 5-7 EStG)
=	Gewinn/Verlust gemäß Steuerbilanz
./.	steuerfreie Betriebseinnahmen
+	nicht abzugsfähige Betriebsausgaben
=	Gewinn/Verlust aus Gewerbebetrieb
+	Hinzurechnungen (§ 8 GewStG)
./.	Kürzungen (§ 9 GewStG)
./.	Freibetrag für Einzelunternehmen/Personengesellschaften (§ 11 Abs. 1 GewStG)
=	Gewerbeertrag vor Gewerbesteuer

Gewerbeertrag mal Messzahl (3,5%) mal Hebesatz

Beispiel:
Handelsbilanz: 300.000€ ist Steuerbilanz ist Gewinn aus Gewerbebetrieb ist Gewerbeertrag vor Freibetrag (24.500€) = 275.500€ Gewerbeertrag *3,5% * 420% = 40.498,50€ Gewerbesteuer

Bemessungsgrundlage der Einkommensteuer

	Einkünfte aus Land- und Forstwirtschaft (§§ 13-14a EStG)
+	Einkünfte aus Gewerbebetrieb (§§ 15-17 EStG)
+	Einkünfte aus selbständiger Arbeit (§ 18 EStG)
+	Einkünfte aus nichtselbständiger Arbeit (§§ 19-19a EStG)
+	Einkünfte aus Kapitalvermögen (§ 20 EStG) → aber: § 32d Abs. 1 EStG
+	Einkünfte aus Vermietung und Verpachtung (§ 21 EStG)
+	Sonstige Einkünfte (§§ 22-23 EStG)
=	**Summe der Einkünfte**
./.	div. Freibeträge
=	**Gesamtbetrag der Einkünfte**
./.	Sonderausgaben (§§ 10-10c EStG)
./.	außergewöhnliche Belastungen (§§ 33-33c EStG)
=	**Einkommen**
./.	Kinderfreibeträge
=	**zu versteuerndes Einkommen**

Beispiel:
Gewinn/Einkünfte aus Gewerbebetrieb 300.000€ = Gesamtbetrag der Einkünfte – Sonderausgaben 6.000€ = 294.000€ zu versteuerndes Einkommen §32a EStG -> Steuer: 116.886€

§35EstG: 3,8mal Gewerbesteuermessbetrag (Gewerbeertrag mal Messzahl) = 36.641€

Falls Hebesatz unter 380%, dann tatsächlich gezahlte Gewerbesteuer zur Anrechnung

Tatsächliche Steuer: 116.886€ - 36.641,50€ = 80.244€ (Abrundung)

Gesamtsteuerbelastungen

	Kapitalgesellschaft Vollausschüttungsfall	Einzelunternehmer
GewSt		
KSt		
ESt		
Summe		

32.340€	40.498€
33.000€	-
61.244€	80.244€
126.584€	120.742€

Differenz: 5.842€ (Nachteil der GmbH)

Lohnt sich bei Einzelunternehmen und Einbehaltung des Gewinns §34a?

Beispiel 4: Kein Antrag

500.000€ Gewinn -> Einkommensteuer §32a von 209.586€ (Abzüglich Gewerbesteueranrechnung)

Beispiel 4: Antrag

300.000€ Entnahme -> §32a EStG: 119.586€ (Gewerbesteueranrechnung)

200.000€ Einbehaltung -> 200.000€ mal 28,25% = 56.500€   Summe: 176.086€

200.000€ Nachentnahme -> (200.000€-56.500€) mal 25% = 35.875€

Abzinsung mit 5% der 35.875€ *1,05 hoch -1

Oder Abzinsung mit 5% für 2 Jahre

Summe1: 210.252€
Summe2: 208.625€

2.2.3. Besteuerung von Personengesellschaften

2.3. Problematik statischer Rechtsformvergleiche

> Begrenzte Aussagefähigkeit der errechneten
> Gesamtsteuerbelastung
>
> - Berechnung ist auf eine Periode begrenzt:
>   → Totalperiode müsste betrachtet werden
>
> - Außerachtlassung von Unsicherheit:
>   → Prämisse, dass Sachverhaltsprognosen mit Sicherheit
>   eintreten
>   → Prämisse, dass relevante Steuerrechtsnormen unver-
>   ändert bleiben

3. Investitionsentscheidung als betriebswirtschaftliche Entscheidung

3.1. Investitionsentscheidung ohne Berücksichtigung der Besteuerung

3.2. Investitionsentscheidung in der Rechtsform einer Kapitalgesellschaft unter Berücksichtigung der Besteuerung – Thesaurierungsfall

3.3. Investitionsentscheidung in der Rechtsform einer Kapitalgesellschaft unter Berücksichtigung der Besteuerung – Vollausschüttungsfall

Ausgestaltung einer investitionsneutralen Cash-Flow Steuer:
- Sofortausschüttung der Anschaffungsauszahlung
- Zahlungsüberschüsse bilden die Bemessungsgrundlage
- Zinsen sind steuerlich unbeachtlich
  - Keine Besteuerung von Haben-Zinsen
  - Keine steuerliche Abzugsfähigkeit von Soll-Zinsen

Ziel: Rangfolgeinvarianzen = Kapitalwert nach Steuer kleiner gleich Kapitalwert vor Steuern

Prämissen:
vollständiger und vollkommener Markt
proportionaler Tarif = s

   → Formel Kapitalwert nach Steuern / Achtung Cash-Flow Steuer andere Formel

Folie 66: Cash-Flow-Steuer (Beispiel 5)

27.000	15.000	6.000	23.000
27.000	15.000	6.000	23.000
8.775	5.070	1.350	7.475
18.225	10.530	4.050	15.525
16.875	9.027,78	3.215,02	11.411,34

C0 = 29,14

-(1+s)*A0 = -40.500€

Abzinsung mit i = 8%

Se = 32,5%

3.4. Investitionsentscheidung in der Rechtsform einer Einzelunternehmung unter Berücksichtigung der Besteuerung

4. Finanzierungsentscheidung als betriebswirtschaftliche Entscheidung

4.1. Finanzierungsentscheidung ohne Berücksichtigung der Besteuerung

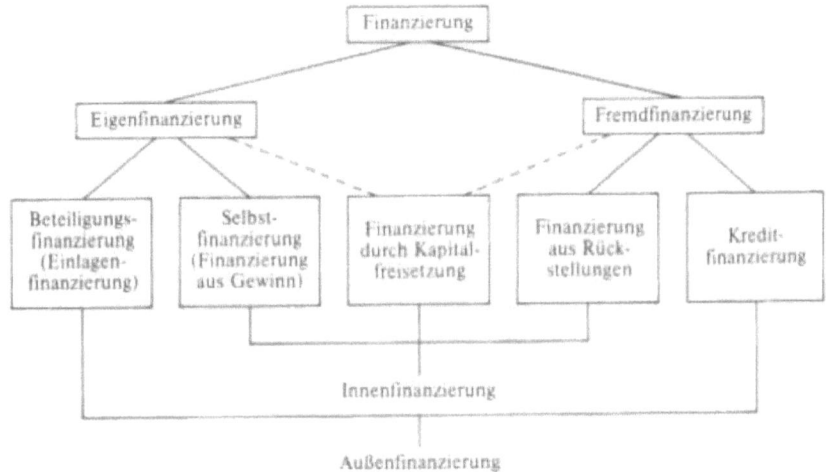

	Außenfinanzierung	Innenfinanzierung
Eigenfinanzierung	Beteiligungsfinanzierung	Selbstfinanzierung
Fremdfinanzierung	Kreditfinanzierung	Rückstellungsfinanzierung

Aus Script Finanzierung & Investition entnehmen

Mögliche Entscheidungssituation:
Beteiligungsfinanzierung

Kreditfinanzierung
Offene Selbstfinanzierung

Zur Rückstellungsfinanzierung

Beispiel:
X-GmbH rechnet am Ende Periode 01 mit der Inanspruchnahme aus Gewährleistungen in der Periode 02 (Am Ende) in Höhe von 20.000€.

→ X-GmbH: HB-Pflicht
→ HB: GoB: Pflicht zur Bildung von Verbindlichkeitsrückstellungen

Voraussetzungen zur Bildung von Verbindlichkeitsrückstellungen:
- Wirtschaftliche Vermögensbelastung (hier: Gewährleistungsverpflichtung)
- Außenverpflichtung (hier: Kunden der X-GmbH)
- Verpflichtung ist dem Grunde und/oder der Höhe nach unsicher (hier: unsicher in der Höhe)
- Inanspruchnahme aus der Verpflichtung muss wahrscheinlich sein (hier: Annahme: typische Gewährleistungsfälle in üblicher Höhe)
- Wirtschaftliche Verursachung der Vermögensbelastung (hier: Produkte wurden in Periode 1 veräußert und Erträge wurden erzielt, also ja)

Bildung der Rückstellung in der Periode 01:
Aufwand an Rückstellungen 20.000€
→ Gewinnminderung in Periode 1
→ Kein Abfluss von Zahlungsmitteln

Inanspruchnahme aus der Gewährleistung in der Periode 02 in Höhe von 20.000€
Rückstellungen an Bank
→ Keine Gewinnauswirkung
→ Abfluss von Zahlungsmitteln

Rückstellungsfinanzierung unter Berücksichtigung der Besteuerung

Zinseffekte:

Fall: keine Rückstellungsbildung

Periode 1: keine Gewinnminderung
Periode 2: Gewinnminderung in Höhe von 20.000€
→ Steuerersparnis bei Hebesatz 500% -> sE = 0,325
→ Steuerersparnis von 6.500€ am Ende Periode 2

Fall: Rückstellungsbildung

Periode 1: Gewinnminderung in Höhe von 20.000€
→ Steuerersparnis von 6.500€ am Ende Periode 1

Zinssatz = 5% -> Zinseffekt von: 6.500€ mal 5% abgezinst = Differenz <u>309,52</u>

4.2. Finanzierungsentscheidung unter Berücksichtigung der Besteuerung

Entscheidung: Beteiligungs- und Fremdfinanzierung

Beispiel 10:

Der Geschäftsführer B der A-GmbH überlegt, ob er eine Investition mit Eigenkapital (Beteiligungsfinanzierung) oder mit Fremdkapital finanzieren soll. Der Zinssatz für die Aufnahme von Fremdkapital betrage 4 %. Ebenso könnte der Gesellschafter A im Falle der Unterlassung der Beteiligungsfinanzierung für eine alternative Finanzanlage 4 % erzielen.

Kapitalkostenansatz:

Kapitalkosten = Vorsteuerrendite, die eine Investition unter der jeweiligen Rechtsform und Finanzierung erwirtschaften muss, damit sie sich gerade noch lohnt.

EXKURS

Abgeltungssteuer:
- Voraussetzung: Einkünfte aus Kapitalvermögen (Dividenden, Zinsen, Gewinn aus der Veräußerung von Anteilen an Kapitalgesellschaften)

Beispiel zur Abgeltungssteuer:
- Lediger Steuerpflichtiger, konfessionslos
- Einnahmen aus Kapitalvermögen in Höhe von 8.000€
- Einkünfte aus Vermietung und Verpachtung in Höhe von 6.000€
- Im Zusammenhang mit den Einkünften aus Kapitalvermögen Aufwendungen in Höhe von 1.000€ (z.B. Zinsen, Depotgebühren…)
- Abzugsfähige Sonderausgaben in Höhe von 5.000€
- Kapitaleinkünfte = Zinsen

1. Alter Rechtsstand

ESt des steuerpflichtigen A:

Einkünfte aus VuV:	6.000€
Einkünfte aus Kapitalvermögen:	7.000€
Sparer-Freibetrag:	750€
	6.250€
Summe der Einkünfte:	12.250€
= Gesamtbetrag der Einkünfte	
Sonderausgaben	5.000€
z.v.E.	7.250€

→ Einkommensteuer: 0€

Steuererstattung: 30% der Zinsen = 2.400€

2. Neuer Rechtsstand

Einkünfte aus Kapitalvermögen:
Einnahmen: 8.000€
Sparerpauschbetrag: 801€   §20 Abs.9
                             7.199€

Unterliegen Abgeltungssteuer von 25% = 1.799€

Weitere Einkünfte: 6.000€ - 5.000€ = 1.000€ z.v.E -> Einkommensteuer gesamt: 1.799€

Günstiger Prüfung nach §32d Abs.6:

Einkünfte aus Kapitalvermögen: 7.199€ (nur Pauschbetrag!!, nur für alle)
Einkünfte aus Vermietung und Verpachtung: 6.000€
Summer der Einkünfte: 13.199€
Sonderausgaben: 5.000€
z.v.E.   8.199€ -> Einkommensteuer: 82€

→ Antrag stellen

Zinsen werden mit Kapitalertragssteuer in Höhe von 25% besteuert:

82€ - 1.799€ (25% von 7.199€) -> Steuererstattung: 1.717€

Neuregelung §32d Abs.2 Nr.3

Vor.: Gesellschafter mind. 25% Beteiligung oder Beteiligung mit 1% und Beruf in Gesellschaft

Vor.: Anteilseigner stellt einen Antrag auf Besteuerung nach §32d Abs.2 Nr.3

Es greift das Teilentlastungsverfahren:
60% der Dividende werden besteuert
Kein Sparerpauschbetrag
Tatsächliche Werbungskosten werden berücksichtigt zu 60% abzugsfähig

---

$EV_{Bet} = EV_a -> r_{Bet}$

Beteiligungsfinanzierung:
- Einlage durch den Gesellschafter
- Einlage wird bei der GmbH zur Finanzierung einer Investition verwendet
    o Rendite der Investition unterliegt GewSt, KSt
- Nach n-Jahren wird Einlage und die daraus entstandenen Gewinne an Gesellschafter zurückgezahlt
- Gesellschafter muss (Rückzahlungsbetrag – Einlage) besteuern -> Abgeltungssteuer

$EV_A = EV_{BET}$

$$r_{Bet}(n) = \frac{\left[\dfrac{[1+(1-s^a)\cdot i]^n - s^a}{1-s^a}\right]^{\frac{1}{n}} - 1}{1-s}$$

$s = 0{,}3075; \ s_a = 0{,}25$

→   r = 0,05776 = <u>5,776%</u> (muss U erreichen, damit gleiches Endvermögen bei Beteiligung und Alternativanlage)

Kontrolle:

$EV_{BET} = 1{,}03 = EV_A$

Rendite, die ich brauche, um FK-Zinsen und Steuern bezahlen zu können $= r_{Fremd}$

$$s = (s^{KSt} + s^{GewSt}) \cdot (r_{Fremd} - i) + s^{GewSt} \cdot 0{,}25 \cdot i$$

<u>0,25 * i nur, wenn Zinsen und so weiter größer als 100.000€</u>
§8 Nr.1 GewStG: Summe bezieht sich auf die gesamte Entgelte

$$r_{Fremd} = \frac{1 - s^{KSt} - s^{GewSt} + s^{GewSt} \cdot 0{,}25}{1 - s^{KSt} - s^{GewSt}} \cdot i$$

$= 0{,}04227 = \underline{4{,}227\%}$

1. Seminar II

Aufgabe 6:

Zur Anschaffung einer neuen Brotfabrik hat die X-AG ein Darlehen i.H.v. 1.000.000,00 Euro aufgenommen, das mit 7% jährlich zu verzinsen ist, zu 96% ausbezahlt wurde und eine Laufzeit von acht Jahren hat. Nehmen Sie handels- und steuerbilanziell Stellung.

Handelsrechtlicher Ansatz:

Disagio 40.000€ Aktivierungswahlrecht §250 Abs.3 HGB
Darlehen 960.000€ Passivierungspflicht

Handelsrechtliche Bewertung:

Disagio im Aktivierungsfall in Höhe von 40.000€
Darlehen in Höhe von 1.000.000€

Bewertung auf der 1.Stufe (bei Zugang)

31.12.01 Disagio
Abschreibung des Disagios (Laufzeit: 8 Jahre) -> Bewertung mit 35.000€

Bewertung auf der 2.Stufe (Folgebewertung)

Handelsrechtlicher Ausweis:

Aktivseite ARA (Disagio)
Passivseite Verbindlichkeiten (Darlehen)

Steuerrechtlicher Ansatz:

Darlehen 960.000€ Passivierungspflicht
Disagio 40.000€ Aktivierungspflicht

Steuerrechtliche Bewertung:

Disagio in Höhe von 40.000€
Darlehen in Höhe von 1.000.000€

Bewertung auf der 1.Stufe (bei Zugang)

31.12.01 Disagio
Abschreibung des Disagios (Laufzeit: 8 Jahre) -> Bewertung mit 35.000€

Bewertung auf der 2.Stufe (Folgebewertung)

Steuerrechtlicher Ausweis:

Aktivseite ARA (Disagio)
Passivseite Verbindlichkeiten (Darlehen)
Aufgabe 7:

Die X-GmbH konnte im Dezember 00 eine geplante Fremdinstandhaltung über 20.000,00 Euro nicht durchführen. Als Termin für die Reparatur wurde Juni 01 fest vereinbart. Nehmen Sie dazu handels- und steuerbilanziell Stellung.

Handelsbilanzieller Ansatz:
Passivierungswahlrecht §249 Abs.1 HGB

Handelsbilanzielle Bewertung:
Instandhaltungsrückstellung: 20.000€

Steuerrechtlicher Ansatz:
Passivierungsverbot

Aufgabe 8:

In 00 schloss die X-AG mit der Y-AG, dem Hersteller von Fertiggaragen einen bis 31.12.02 befristeten Liefervertrag über monatlich 20 Fertiggaragen zum Preis von 9.000 Euro. Die AG produziert die Garagen jeweils kurz vor Auslieferung. Die Herstellungskosten der Y-AG betragen je Garage bis zum 31.12.00 8.000,00 Euro. Infolge einer Rohstoffverteuerung betragen seit Januar 01 die Herstellungskosten 10.000,00 Euro.

Welche Auswirkungen hat dieser Sachverhalt auf die Bilanz der Y-AG zum 31.12.01?

Handelsbilanzieller Ansatz:
§249 Abs.1 S.1 HGB -> Passivierungspflicht

Handelsbilanzielle Bewertung:
1.000€ pro Garage mal 20 Garagen mal 12 Monate = 240.000€

Steuerrechtlicher Ansatz:
Durchbrechung der Maßgeblichkeit –> Passivierungsverbot